3 Nov. 1863 *Marks.*   P

Vente du Lundi 23 Novembre 1863

OBJETS D'ART

ET DE CURIOSITÉ

DE LA CHINE

Vente Marks

Me Ch. PILLET, Commissaire-Priseur

MM. MANNHEIM, Experts

EXEMPLAIRE DE H. STETTINER

PARIS. IMPRIMERIE DE PILLET FILS AINÉ

5, RUE DES GRANDS-AUGUSTINS.

CATALOGUE

D'UNE BELLE RÉUNION

D'OBJETS D'ART

ET DE CURIOSITÉ

DE LA CHINE

Très-belles Porcelaines anciennes de la Chine,
parmi lesquelles on remarque une grande et belle paire de Vasques richement émaillées,
ainsi que deux grands Vases à mandarins ;
Porcelaines, dites d'échantillon, telles que : Jardinières, Vases, Bouteilles,
Gourdes, Figures, etc., en céladon bleu turquoise, vert pomme,
jaune impérial, haricot, craquelé gris, etc.;
Émaux cloisonnés de très-belle qualité : Vases, Bouteilles, Brûle-Parfums,
ainsi que deux Jardinières de très-grandes dimensions ;
Belle Gourde en laque rouge de Pékin ; Objets de collection en jade blanc et vert,
agate orientale, lapis, etc.; Figurines et Animaux en bronze ;
et quantité d'Objets divers

DONT LA VENTE AURA LIEU

HOTEL DROUOT, SALLE N° 4

AU PREMIER

Le Lundi 23 Novembre 1863

À UNE HEURE

Par le ministère de Mᵉ **CHARLES PILLET**, Commissaire-Priseur,
rue de Choiseul, 11,

Assisté de MM. **MANNHEIM**, Experts, rue de la Paix, 10,

Chez lesquels se trouve le présent Catalogue.

EXPOSITIONS { PARTICULIÈRE, le Samedi 21 Novembre 1863,
{ PUBLIQUE, le Dimanche 22 Novembre 1863,

de une heure à cinq heures.

CONDITIONS DE LA VENTE

Elle sera faite au comptant.

Les adjudicataires payeront *cinq pour cent* en sus des enchères, applicables aux frais.

Paris. — Imp. de PILLET fils aîné, rue des Grands-Augustins, 5.

DÉSIGNATION
DES OBJETS

Porcelaines

1 — Deux grandes et très-belles vasques en ancienne porcelaine de Chine, richement décorées de fleurs et d'oiseaux émaillés en couleurs et rehaussés d'or. Elles sont décorées de poissons à l'intérieur. Diam. 60 cent., haut. 45 cent.

Pièces rares.

2 — Grande et belle Potiche à couvercle, en ancienne porcelaine de Chine, entièrement couverte d'un très-riche décor de fleurs, d'oiseaux, de dragons et d'ornements divers finement émaillés en couleurs, avec bordures vermicellées rouge-brique. Le couvercle est surmonté d'une Chimère assise qui conserve encore des traces de dorure. Qualité et dimension fort rares à rencontrer aujourd'hui. Haut. totale, 90 cent.

3 — Deux grands et beaux Vases en ancienne porcelaine de Chine, de forme dite à *mandarins* et ovale de plan. Ils sont décorés de quantité de médaillons enrichis de figures, finement émaillées, sur un fond vermicellé rouge et or. Les couvercles sont surmontés de Chimères assises. Haut. 67 cent.

4 — Deux beaux Vases à six pans, en ancienne porcelaine de Chine, décorés de médaillons à paysages et figures, finement émaillés, sur un fond vermicellé or. Les couvercles sont surmontés de Chimères assises. Haut. 58 cent.

5 — Deux jolis Vases. forme balustre, en ancienne porcelaine de Chine, à décors de fleurs et riche bordure à palmettes, émaillées de feuillages verts et rehaussées de noir et fleurettes réservées en couleurs. Ces Vases sont accompagnés de leurs couvercles. Haut. 45 cent.

6 — Potiche à couvercle, en ancienne porcelaine du Japon de la plus belle qualité, décorée de médaillons, paysages en couleurs sur fond bleu foncé, et d'entre-deux de fleurs sur fond d'or. Haut. 70 cent.

7 — Deux grands Vases, forme balustre à col élevé, en ancienne porcelaine de Chine, décorée de médaillons, paysages finement dessinés au trait en couleur rouge. rehaussés d'or, et fond à rosaces rouges dans un quadrillé bleu. Haut. 69 cent.

8 — Deux vases à six pans en porcelaine de Chine, fond

chagriné vert clair à fleurs légèrement en relief.
dorées, et médaillons de paysages enrichis de figures,
décorés en couleurs. Les boutons des couvercles sont
formés par des Chimères assises. Haut. 40 cent.

9 — Deux jolies Jardinières en céladon bleu turquoise, de
forme carrée. Long. 23 cent., larg. 16 cent., haut.
15 cent.

10 — Vase à panse ovoïde et à gorge droite, orné de deux
petites anses, en céladon vert à fleurs gaufrées et gra-
vées sous émail. Socle en bois de fer sculpté. Haut.,
sans le socle, 52 cent.

11 — Joli Vase, forme bouteille, en porcelaine flambée, violet.
Socle en bois de fer. Haut., sans le socle, 41 cent.

12 — Grande et belle Gourde en ancienne porcelaine de Chine.
La partie inférieure est décorée de palmettes, enrichies
de fleurs sur un fond d'émail vert, avec bordures
noires; la partie médiane est couverte d'un décor de
fleurs réservées en blanc, sur un fond rouge-brique,
et la partie supérieure, qui a été rapportée après
coup, nous paraît avoir été surdécorée. Haut. 67 cent.

13 — Beau Groupe composé d'une grande Chimère et de ses
petits, reposant sur un rocher, en ancienne porcelaine de Chine jaspée violet. Haut. 35 cent.
Pièce rare.

14 — Vase en porcelaine de Chine, fond jaune impérial uni,
à dragons et ornements divers, gravés sous émail.
Haut. 45 cent.

15 — Petit Vase, forme balustre, à col droit et collerette découpée, en porcelaine de Chine marbrée bleu et parties jaunâtres. Socle en bois de fer. Haut., sans le
socle, 28 cent.

   Nuance rare.

16 — Vase à large ouverture et à deux anses à dragons, en
très-ancienne porcelaine de Chine, finement craquelée
gris. Socle et couvercle en bois sculpté à dragons et
repercés à jour. Haut. totale, 37 cent.

17 — Jolie Bouteille en céladon bleu turquoise. Socle en bois
sculpté. Haut., sans le socle, 31 cent.

18 — Joli Vase en céladon bleu turquoise, à large panse,
gorge élancée et collet évasé. Haut. 35 cent.

19 — Gourde en forme de lentille aplatie, à deux petites anses
reliant le goulot droit au corps du vase, en porcelaine
de Chine émaillée gris-clair tirant sur le bleu. Haut.
34 cent.

20 — Grand Vase en porcelaine de Chine, forme balustre, à
col évasé et collerette découpée, et à deux anses,
têtes chimériques à anneaux mouvants. Il est décoré
de vases de fleurs et d'attributs gaufrés et céladonnés,

et de bandes craquelées et réservées en brun, alternées. Socle en bois de fer. Haut., sans le socle, 60 cent.

21 — Grand Vase forme balustre, à collet étroit, en porcelaine de Chine, couvert de dragons se jouant dans les nuages, décorés en bleu sur fond blanc. Haut. 47 cent.

22 — Pitong en forme de tronc d'arbre à branchage en relief, en porcelaine de Chine, décoré en bleu jaspé. Un médaillon réservé en blanc porte une inscription composée de quatorze caractères. Cette pièce rare porte, de plus, au fond, une marque à quatre caractères. Haut. 16 cent.

23 — Deux vases jardinières de forme évasée, à quatre lobes, en ancienne porcelaine de Chine, à médaillons de personnages émaillés et fond vermicellé or. Haut. 17 cent.

24 — Jolie bouteille en porcelaine de Chine, fond vert d'eau uni, à dessins gaufrés sous émail. Cette pièce porte une marque de fabrique. Socle en bois de fer. Haut. 38 cent.

25 — Petit vase en forme de balustre carré, en ancienne porcelaine craquelée gris de la Chine. Les anses sont formées par deux petites têtes de lion. Haut. 28 cent.

26 — Vase forme balustre en porcelaine de Chine fond bleu

uni ; sur la partie supérieure de la panse se trouvent trois petites anses formant attaches. Haut. 30 cent.

27 — Grande figure de Mandarin à tête mouvante, en ancienne porcelaine de Chine, finement émaillée. Le costume est couvert de caractères chinois. Haut. 62 cent.

28 — Deux figurines de femmes, formant flambeaux, en ancienne porcelaine de Chine émaillée. Haut. 42 cent.

29 — Grand bol à couvercle en ancienne porcelaine du Japon, à riches décors de fleurs en couleurs et rehauts d'or. Diam. 38 cent. ; haut. 42 cent.

30 — Petit vase de forme cylindrique à animaux en relief sur la panse et à deux anses, en céladon bleu turquoise uni. Socle en bois de fer. Haut. 18 cent.

31 — Deux pots à tabac à couvercles, en ancienne porcelaine de Chine à fleurs émaillées. Haut. 23 cent.

32 — Vase en porcelaine de Chine à figures émaillées sur fond blanc. Haut. 37 cent.

33 — Autre vase en porcelaine de Chine à figures de la plus grande finesse, dessinées au trait, en noir et rouge. Haut. 37 cent.

34 — Petite lanterne de forme hexagonale, reposant sur trois

pieds, en ancienne porcelaine de Chine, à rosaces repercées à jour, et décors en bleu sur blanc. Haut.
18 cent.

35 — Bol et son couvercle en ancienne porcelaine de Chine
décorée en bleu sur blanc, et à groupes de figures en
relief, en biscuit de porcelaine réservé en blanc.
Diam. 145 millim. ; haut. 17 cent.

Pièce rare.

36 — Boîte de forme carrée à trois compartiments, en ancienne
porcelaine de Chine, à grilles à jour dorées et à décors bleu sur blanc. Haut. 19 cent.

37 — Grand et fort vase, forme bouteille à large panse, en
ancienne porcelaine craquelée gris uni. Haut. 60 cent.

38 — Petit vase forme balustre et gorge évasée, à cordon en
relief sur la panse, en porcelaine de Chine émaillée
jaune uni. Cette pièce porte une marque à quatre
caractères rouges. Haut. 36 cent.

39 — Vase à goulot long et droit et à deux petites anses, en
porcelaine de Chine, décorée de dragons et de
nuages en bleu foncé sur fond bleu. Haut. 45 cent.

40 — Petit vase, forme œuf, en ancienne porcelaine de
Chine, fond rouge imitant le bois et bordures émaillées. Socle en bois sculpté. Haut. 17 cent.

41 — Deux figures de femme debout en ancien blanc de
Chine à décors émaillés. Haut. 40 cent.

42 — Petit vase composé de deux vases carrés accolés, à deux
petites anses, en ancien céladon truité vert clair.
Socle en bois sculpté. Haut. 19 cent.

43 — Flacon carré portant sur chacune de ses faces un gau-
frage imitant l'osier, et le reste décoré de fleurs en
bleu sur blanc et rehauts d'or. Haut. 28 cent.

44 — Vase de forme carrée à angles coupés et à anses, têtes
de lion et anneaux en relief, en porcelaine de Chine
craquelée bleu foncé. Haut. 28 cent.

45 — Jardinière de forme basse et évasée en porcelaine de
Chine, décorée de dragons et bordure émaillés. Dia-
mètre, 23 cent.; haut. 15 cent.

46 — Théière en ancienne porcelaine de Chine, en forme de
caractère chinois repercé à jour et à médaillons de
figures et fleurs émaillées.

47 — Coq en porcelaine de Chine jaspée violet. Haut. 30 cent.

48 — Deux vases à six pans en ancien céladon fond bleu
d'ampois et fleurs en rouge de cuivre. Haut. 32 cent.

94 — Beau plat en ancienne porcelaine de Chine à riche décor émaillé; au centre, cavaliers et fantassins parais-

sant poursuivre deux personnages. Riche bordure à
ornements et fleurs. Diam. 41 cent.

50 — Bassin rond en ancienne porcelaine de Chine émaillée,
à sujet de personnages. Diam. 42 cent.

51 — Deux plats à bords festonnés richement décorés de fleurs
et de corbeilles de fleurs. Diam. 36 cent.

52 — Deux autres plats analogues à ceux qui précèdent.
Diam. 36 cent.

53 — Deux jolis compotiers en ancienne porcelaine de Chine,
à figures émaillées au centre et bordures repercées à
jour. Diam. 27 cent.

54 — Quatre jolis compotiers en forme d'éventails en ancienne porcelaine du Japon.

55 — Service en ancienne porcelaine de Chine fond rouge,
à fleurs dorées dans des médaillons réservés en blanc

Il se compose de neuf grands plats et de trente-huit
assiettes.

56 — Deux grands plats en ancienne porcelaine du Japon,
restaurés.

57 — Quatre petits bols en ancienne porcelaine de Chine craquelée gris et rose et attributs émaillés.

58 — Quatre plateaux ronds en porcelaine craquelée gris.

59 — Petit cabaret à médaillons émaillés sur blanc.

Il se compose de deux cafetières, un sucrier et trois plateaux.

Emaux cloisonnés

60 — Deux grandes et magnifiques jardinières ou cassolettes à couvercles, de forme carrée, en émail cloisonné de la Chine à fleurs et ornements divers en couleurs sur fond bleu. Elles sont supportées par quatre figures grotesques en bronze ciselé et doré. Le couvercle, à dôme, est enrichi sur chacune de ses faces de dragons et de nuages en bronze ciselé repercé à jour et doré ; le bouton est formé d'un dragon et de nuages de même matière.

Ces pièces remarquables ont 1 m. de hauteur et 80 c. de largeur.

61 — Grande cassolette de forme sphérique aplatie à gorge droite, reposant sur trois pieds à consoles et à deux anses contournées ; le tout en émail cloisonné à fleurs et ornements divers en couleurs sur fonds bleu foncé et bleu turquoise alternés, enrichi de parties en bronze ciselé et doré. Le couvercle, composé de dragons et de nuages en bronze doré, repercé à jour, est surmonté d'un bouton en émail cloisonné. Beau socle en bois sculpté. Haut., 67 cent.

62 — Autre cassolette en émail cloisonné à fleurs en couleurs sur fond bleu turquoise, reposant sur trois pieds formés par des têtes d'éléphant en bronze ciselé et doré; les anses sont formées par des trompes de même métal, et le couvercle est surmonté d'un éléphant caparaçonné, en bronze ciselé et doré, qui supporte un petit vase d'émail cloisonné et bronze. Socle en bois de fer. Haut. sans le socle, 45 cent.

63 — Joli vase de forme carrée à deux anses, en émail cloisonné à fleurs sur fond bleu turquoise.

64 — Jolie coupe en émail cloisonné à fleurs et oiseaux à l'extérieur sur fond bleu turquoise, et l'intérieur décoré de fleurs sur fond blanc. Socle en bois sculpté.

65 — Boîte à compartiments intérieurs et recouvrement imitant une enveloppe de livres, en émail cloisonné à rosaces sur fond vert. Pièce curieuse.

66 — Jolie boîte de forme basse et contournée en émail cloisonné à ornements divers en couleurs sur fond vert d'eau. Le couvercle, en bronze ciselé et doré, est surmonté d'un petit vase d'émail cloisonné.

67 — Petite cassolette à couvercle en émail cloisonné à fleurs sur fond bleu foncé; les anses sont formées par des têtes de lion en bronze doré à anneaux mouvants. Socle en bois sculpté.

68 — Deux petits bols en émail cloisonné à fleurs et ornements sur fond bleu turquoise. Ils sont dorés à l'intérieur.

69 — Porte-chapeau en émail cloisonné à ornements très-fins
en couleurs sur fond bleu turquoise. Le dessus est
formé par un dragon en bronze doré.

70 — Petit crachoir en émail cloisonné, à fleurs et ornements
en couleur sur fonds variés.

71 — Boîte en forme de bouteille en émail cloisonné à fleurs
sur fond bleu.

72 — Petit vase en forme de gobelet carré à angles arrondis
et rentrants en émail cloisonné, à ornements en couleurs sur fond bleu clair.

73 — Vase en forme de balustre en émail cloisonné, à ornements sur fond bleu turquoise.

74 — Coupe vide-poche en émail cloisonné, fond bleu turquoise.

75 — Grand plat rond à fleurs et ornements en émail cloisonné à l'extérieur et l'intérieur, émaillé bleu uni, à
dragons et nuages finement gravés à la pointe. Socle
en bois sculpté. Diam., 52 cent.

76 — Deux jolis écrans en émail cloisonné, à ornements,

chauve-souris et nuages en couleurs sur fond bleu turquoise, enrichis au revers d'une très-fine sculpture en bois. Ils sont accompagnés de leurs supports en bois finement sculpté et repercé à jour.

77 — Deux autres écrans en forme de double losange, en émail cloisonné ; leurs deux faces sont enrichies d'ornements et attributs en couleurs sur fond bleu turquoise. Ils sont accompagnés de leurs montures en bois sculpté et repercé à jour.

78 — Très-petite boîte de forme carrée en émail cloisonné, fond bleu turquoise. Socle en bois sculpté.

79 — Petite boîte de forme contournée à recouvrement, en émail cloisonné, à ornements sur fond bleu turquoise.

80 — Deux petites boîtes, en forme de lentille, en deux dimensions, en émail cloisonné à fleurs, sur fond bleu turquoise.

Elles seront vendues séparément.

Matières précieuses

81 — Jade vert clair. Très-beau groupe en forme de rocher, enrichi de figures et arbustes. Remarquable par la beauté de la matière et la finesse du travail. Haut., 21 cent. ; larg., 22 cent.

82 — Lapis-lazuli. Très-grand groupe en forme de rocher, enrichi de figures, arbustes et inscription. Long., 37 cent.; haut., 28 cent.

83 — Jade blanc. Jolie boîte de forme sphérique finement évidée. Socle en bois de fer.

84 — Jade blanc verdâtre. Belle coupe de forme ovale à lobes, à deux petites anses boutons de fleurs. Le pied est formé par une fleur finement gravée. Cette coupe est parfaitement évidée.

85 — Jade blanc. Cassolette de forme ronde, à deux anses surélevées prises dans la masse.

86 — Jade blanc. Deux petites coupes rondes bien évidées: l'une d'elles avec socle en bois sculpté.

87 — Jade blanc. Petite boîte bien évidée, en forme de lentille.

88 — Jade blanc. Petit vase double, de forme carrée, à ornements gravés; ses deux parties sont reliées entre elles par une charnière placée à leur base. Travail remarquable par la régularité et la difficulté du travail. Socle support en bois sculpté.

89. — Jade blanc. Quatre petites figurines d'enfants debout dans diverses attitudes. Seront vendues par paires.

90 — Jade blanc. Groupe de fruits. Socle en bois sculpté.

91 — Pierre de lard de nuance rose. Rocher avec arbustes, cavaliers et figures.

92 — Agate orientale. Petite coupe de forme ronde, à une anse à feuillage, prise dans la masse. Diam., 9 cent.

93 — Jade blanc. Jolie coupe de forme carrée, gravée à ornements et inscription; anses à dragons prises dans la masse.

94 — Jade blanc. Vase de forme ovoïde à couvercle et à anses, sur un pied repercé à jour, gravé à ornements en relief. Haut., 24 cent.

Laques et Bronzes

95 — Très-belle applique en forme de gourde de grande dimension, en laques rouge et jaune de Pékin, enrichie de feuilles, branchages, fleurs et caractères, en lapis-lazuli, jade, pierre de lard, ivoire teint et autres matières incrustées. Les médaillons portant les caractères sont entourés d'une bordure en bronze ciselé et doré.

Les socle et contre-socle, en bois sculpté et finement repercé à jour, sont de même incrustés de matières diverses. Haut. totale, 28 cent.

Pièce très-rare.

96 — Deux boîtes rondes et plates en laque incrusté de rosaces, ornements et animaux en burgau. L'intérieur est laqué noir.

97 — Bronze de la Chine. Petit animal formant brûle-parfums, en bronze, fineme   ncrusté d'ornements en or et en argent.

98 — Bronze de la Chine. Vase de forme carrée, à cordage en relief sur la panse et à anses à anneaux mouvants.

99 — Bronze du Japon. Deux figurines de femmes debout, en riche costume et coiffure très-curieuse.

100 — Bronze du Japon. Deux figurines de femmes assises, costume et coiffure analogues à celles qui précèdent.

101 — On vendra sous ce numéro les objets omis au présent Catalogue.

www.ingramcontent.com/pod-product-compliance
Lightning Source LLC
Chambersburg PA
CBHW071305130726
47998CB00003B/1343